Todos los libros de Linkgua Ediciones cuentan con modelos de Inteligencia Artificial entrenados por hispanistas. Pregúntale al chat de tu libro lo que desees acerca de la obra o su autor/a.

Para ebooks: Accede a nuestro modelo de IA a través de este enlace.

Para libros impresos: Escanea el código QR de la portada con tu dispositivo móvil.

Obtén análisis detallados de nuestros libros, resúmenes, respuestas a tus preguntas y accede a nuestras ediciones críticas generativas para una experiencia de lectura más enriquecedora.
La transparencia y el respeto hacia la autoría de las fuentes utilizadas son distintivos básicos de nuestro proyecto. Por ello, las respuestas ofrecen, mediante un sistema de citas, las fuentes con las que han sido elaboradas.

José Quiroga

Descripción del río Paraguay

Barcelona 2024
Linkgua-ediciones.com

Créditos

Título original: Descripción del río Paraguay.

© 2024, Red ediciones S.L.

e-mail: info@linkgua.com

Diseño de cubierta: Michel Mallard

ISBN rústica ilustrada: 978-84-9953-042-0.
ISBN ebook: 978-84-9953-041-3.

Sumario

Brevísima presentación: Descripción del río Paraguay, desde la boca del Xauru hasta la confluencia del Paraná

Padre José Quiroga

El padre José Quiroga, uno de los miembros más ilustrados y laboriosos de la Compañía de Jesús en estas Provincias, nació en 1707 en Fabás, pequeña aldea de la jurisdicción de la Coruña, en Galicia. La proximidad de este puerto, y la continua conmemoración que se hacia en su familia de los viajes de un deudo que frecuentaba las Colonias, avivaron su natural deseo de visitarlas. Con este objeto emprendió el estudio de las matemáticas, en las que hizo rápidos y asombrosos progresos; y cuando su edad le permitió realizar sus designios, se embarcó para hacer su aprendizaje náutico. Toda su ambición se reducía entonces a adquirir los conocimientos que se necesitan para ocupar el puesto de piloto.

En uno de estos viajes trabó amistad con un religioso de la Compañía de Jesús, que pasaba a las Indias para tomar parte en los trabajos evangélicos de sus hermanos. La pintura que este le hizo de su instituto, y de las ventajas que ofrecía a los que manifestaban celo y talentos, hicieron tan viva impresión en el ánimo del joven Quiroga, que se decidió desde luego a tomar el hábito de San Ignacio. Sus superiores le incitaron a no abandonar sus estudios, en los que se hallaba bastante adelantado; y para que no le faltasen estímulos, le brindaron con una cátedra de matemática, que fundaron expresamente en el colegio de Buenos Aires.

Los servicios del nuevo profesor, provechosos a sus alumnos, lo fueron de un modo más trascendental para el Gobierno, que por falta de un facultativo, se hallaba a veces en la imposibilidad de resolver cuestiones importantes para el servicio público. Tal era la de los rumbos que debían seguirse en la medición de las tierras del ejido de la ciudad, y que, por no haber sido bien determinados en las concesiones de los primeros pobladores, hacían dudar de sus límites, quitando a los títulos de propiedad su principal requisito.

El gobernador don Domingo Ortiz de Rosas, que en 1744 se hallaba investido del mando supremo de estas provincias, confió esta tarea al padres Quiroga, que desde entonces fue consultado con preferencia en todas las empresas científicas.

Cuando la corte de España mandó explorar los puntos accesibles de la costa patagónica, y los más a propósito para establecer poblaciones, a los pilotos Varela y Ramírez, que vinieron a bordo de la fragata San Antonio, se les asoció el padre Quiroga, cuyo diario sirvió al padres Lozano para redactar el que hemos publicado en el primer tomo de nuestra colección.

A su regreso de esta comisión, los padres de la Compañía le encargaron levantara el mapa del territorio de Misiones:— obra vasta y difícil, no solo por la naturaleza del terreno, sino por la falta de materiales y recursos. A pesar de estas trabas, aceptó el padre Quiroga este encargo, y después de haber determinado con una prolija exactitud la posición geográfica de los treinta pueblos de Misiones, y la de las ciudades de la Asunción, Corrientes, Santa Fe, Colonia, Montevideo y Buenos Aires, redactó su mapa con los datos que le suministraron las relaciones editas e inéditas de los misioneros, cuando no le fue posible adquirirlos personalmente.

Este trabajo, que no tiene en el día más mérito que el de su prioridad, fue publicado en Roma en 1753, por el calcógrafo Fernando Franceschelli, que, conformándose a la costumbre de su tiempo, le agregó en las márgenes varias noticias del Paraguay, y la tabla general de los grados de latitud y longitud, según las observaciones del autor.

Una de las partes más incorrectas de este mapa es el curso del río Paraguay, y fue precisamente el que el padre Quiroga tuvo la oportunidad de rectificar poco después, cuando en 1752 acompañó al comisario español, don Manuel Antonio de Flores, encargado de poner el marco divisorio en la boca del Jaurú, en cumplimiento del artículo 6 del tratado, ajustado en Madrid en 13 de enero de 1750.

Este reconocimiento, único fruto de aquella laboriosa negociación, fue el último servicio prestado al gobierno por este docto religioso, y es también el que más honra su memoria. De este diario se valió don Luis de la Cruz Cano de Olmedilla para la formación de su gran mapa del América meridional, que publicado en Madrid en 1775, y reproducido por Faden en Londres, en 1799, fue adoptado por Arrowsmith, en 1811.

Este documento hubiera corrido la suerte de casi todos los trabajos de los últimos jesuitas en estas regiones, a no haber sido por el cuidado del padres Domingo Muriel (o Ciriaco Morelli, como se le antojó llamarse en sus obras), que lo insertó en el apéndice de su versión latina de la Historia del Paraguay del padres Charlevoix, de donde lo hemos extractado.

Circunscripto a los deberes de su estado, el padre Quiroga se resignó a una vida retirada en el colegio de Belén, en donde le fue intimado el decreto de la supresión de su orden en 1767. Expulsado de su patria adoptiva, sin que le fuera permitido volver a la propia, buscó un asilo en Italia, donde acabó sus días, sin más consuelos que los que proporciona la religión a una conciencia libre de remordimientos.

Buenos Aires, junio de 1836.

Pedro de Angelis

Descripción del río Paraguay

§. I. Origen del río Paraguay, y ríos que entran en él, hasta su junta con el Paraná

El río Paraguay tiene su origen en una gran cordillera de serranías, que se extiende de oriente a poniente por centenares de leguas, y pasa al norte de Cuyabá. De esta cordillera bajan al sur muchos arroyos y riachuelos, que juntos forman un bien caudaloso río, que comienza a ser navegable cincuenta o sesenta leguas más arriba del Xaurú. Y todo el río Paraguay, desde dicha cordillera hasta la ciudad de las Siete Corrientes, en donde concurre con el Paraná, es también navegable, aunque sea con barcos grandes: pero estos no son los mejores para vencer las corrientes, para lo cual más aparentes son las falúas de remos, los bergantines ligeros y todo género de jabeques.

Desde el río Xaurú arriba no sabemos que ríos de consideración entran en el Paraguay; pero es de creer que le entran algunos por la parte del este, pues cuando llega al Xaurú ya viene caudaloso. La boca del Xaurú está en 16 grados 25 minutos de latitud austral: y en 320 grados y 10 minutos de longitud, contada desde la isla del Fierro hacia el oriente. Viene dicho río de la parte occidental, y es navegable con canoas por algunas leguas. Mas abajo del Xaurú se divide el Paraguay en dos brazos caudalosos. El mayor corre con su canal estrecha, pero muy profunda, por medio de los Xarayes: y por esta navegamos con nuestras embarcaciones sin embarazo alguno. El otro brazo corre por algunas leguas por la parte occidental de los Xarayes. Y en este, antes de volver a juntarse con el primero, acaso entrará el río Guabis, que corre desde los pueblos de los Chiquitos hacia el oriente, a no ser que el Guabis entre en un recodo de la laguna del Caracará, que se comunica con el río Paraguay casi en la parte inferior de los Xarayes.

Mas abajo de los Xarayes entra por la parte oriental en el Paraguay el río de los Porrudos, en la altura de 17 grados y 52 minutos. Este río es bien caudaloso, y en él entra el de Cuyabá, como se dirá en otra parte. Otro brazo de este mismo río entra más abajo, y le dan los Portugueses el nombre de Canal de Chiané, y por él suben con sus canoas los Paulistas que navegan a Cuyabá.

El río Tacuarí, que trae también su corriente de la parte oriental, entra en el Paraguay por tres bocas, todas navegables. La más septentrional, por donde bajan los Paulistas, está en 19 grados. En la misma parte del oriente entra con mucha corriente el río Mboteteí, en 19 grados y 20 minutos. En la margen austral del Mboteteí estuvo antiguamente una población de españoles, que se llamaba Jeréz, la cual se desamparó por las persecuciones que padecían de los Paulistas. Estaba esta población a treinta leguas de distancia del río Paraguay, a la falda de la gran cordillera que se extiende norte-sur entre los ríos Paraná y Paraguay. En las grandes crecientes bajan por el Mboteteí muchas tacuaras, o cañas muy gruesas, arrancadas de sus márgenes, de las cuales se quedan muchas en las márgenes del río Paraguay. Y es bien reparable, que en todo el margen de este río, desde el Mboteteí arriba, no se ve una tacuara.

Desde el Mboteteí, bajando por el río Paraguay, se halla el estrecho que ahora llaman de San Javier, entre unos cerros, en 19 grados y 48 minutos. Uno de los cerros está en el margen oriental del río, y otros cuatro o cinco se ven en la banda occidental.

Otra notable estrechura tiene el Paraguay más abajo de los tres cerros que están a la parte del occidente, llamados los Tres Hermanos, a la falda de otro altísimo cerro, llamado Pan de Azúcar, como doce leguas más abajo de los Tres Hermanos, y es el más alto de todos los que se encuentran desde la Asunción al Tacuarí. Está en la margen oriental, y desde allí se continua una cordillera hacia el oriente. Hay en la parte occidental, en frente del Pan de Azúcar, otro cerro pequeño, y en alguna distancia, a la parte del noroeste, se ve otro no muy grande. La estrechura sobredicha, y el Pan de Azúcar, están en 21 grados 17 minutos.

Se halla después, bajando por el Paraguay, la boca del río Tepotí en 21 grados 45 minutos. Luego al frente de una isla, o algo más arriba, está la boca del río Corrientes, llamado así por la gran corriente que trae. Este río tiene su origen junto a la fuente del Guatimí, que entra en el Paraná sobre el Salto grande. El río Corrientes desemboca en el Paraguay en 22 grados y 2 minutos. A dos o tres leguas de distancia se ve al sudoeste el cerro de Galván, que está solo en la banda occidental. Aquí baja de la parte del este un ramo de la gran cordillera. A la banda del sur de dicho río hay también muchos cerros, y una angostura de mucha corriente, con peñasquería a los lados del río, y se llama este paso Itapucú-guazú. Está en 22 grados y 10 minutos. Mas abajo está una punta de cordillera que forma otra angostura, y remata dicha punta en peña cortada, y distará como ocho leguas del Itapucú-guazú.

Entra más abajo, por el margen oriental, el río Guarambaré en 23 grados y 8 minutos, y en frente de la boca hay una isla. Por los 23 grados y 21 minutos se hallan unas piedras esparcidas en medio del río, por lo cual conviene en esta altura navegar con cautela. El río Ipané-guazú desemboca en el Paraguay, en la latitud de 23 grados 28 minutos. Su boca tiene al frente una isla. Baja este río de los yerbales que están al norte de Curuguatí, y tiene su origen cerca del Guatimí. En los 23 grados 51 minutos entra en el Paraguay, por el margen occidental, el río de los Fogones: y más abajo a corta distancia entra por la misma banda el río Verde. Al frente de estos dos ríos hay cuatro islas. Mas abajo en la Banda Oriental entra el Ipané-miní en 21 grados y 2 minutos.

Mas abajo del Ipané-miní, en 24 grados y 4 minutos, hallamos que la aguja miraba derechamente al norte: y no se puede atribuir a otra causa que a la cercanía de algún mineral de fierro o de piedra imán, de lo cual hay bastante en la jurisdicción del Paraguay. En los 24 grados y 7 minutos entra por la Banda Oriental el río Xexuí, que viene de los yerbales del Curuguatí, y se navega tal vez con barcos cargados de yerba, aunque con mucho trabajo, por los malos pasos que tiene. En los 24 grados y 23 minutos entra, por la parte oriental, el Cuarepotí: en los 24 grados y 29 minutos, el Ibobí. Mas abajo en los 50 minutos del mismo grado, entra por el mismo lado el Tobatí en un brazo del Paraguay, en cuya entrada a la punta de la isla que está más al sur (y es la primera punta cuando subiendo se entra en dicho brazo) hay dos piedras que llegan a la flor del agua, de las cuales conviene que se aparten los barcos, o que tomen el rumbo por lo más ancho del río, dejando a la parte de oriente la isla. En el Tobatí entra, antes de su caída en el Paraguay, el río Capiatá.

En los 24 grados 56 minutos le entra al Paraguay, por el occidente, el río Mboicaé. En los 24 y 58, poco más arriba del fuerte de Arecutacuá, entra por el oriente el Peribebuí: y más abajo, en 25 gr. y un minuto, entra por la misma banda el río Salado. Poco más abajo, casi en la misma altura, entra por la margen occidental el río Piraí.

La ciudad de la Asunción está en 25 gr. 17 min. 15 segundos de latitud; 320 gr. 12 min. de longitud, según algunos demarcadores. Otros hallaron 25, 16 de latitud; 320, 10 de longitud. Poco más abajo entra por tres bocas, por la margen occidental, el famoso río Pilcomayo, que trae sus aguas de las serranías del Potosí, y corre por medio del Chaco. En los 25 gr. 32 min. hace el Paraguay una estrechura, que tendrá solo un tiro de fusil de una ribera a otra, y está en este paraje el fuerte que llaman de la Angostura. El Tebicuarí entra en el Paraguay por el oriente, en 26 gr. 35 min. Bajan por este río los barcos de Nuestra Señora de Fe y de Santa Rosa.

El Río Grande, o Bermejo entra en el Paraguay por occidente en 26 gr. 54 min.; y dista su boca de la ciudad de las Corrientes once leguas por al aire, que por el río son 17, o 18. Viene el Bermejo de las serranías que están entre Salta y Tarija: atraviesa gran parte del Chaco: el color de sus aguas es algo bermejo. En juntándose con el Paraguay, inficiona las aguas de éste, de suerte que son poco saludables sus aguas, hasta que concurre en las Corrientes con el Paraná. Se juntan los ríos Paraná y Paraguay al frente de esta ciudad, que está situada sobre la margen oriental, en 27 grados y 27 minutos de latitud, 319 y 55 minutos de longitud. Llámase ciudad de las Siete Corrientes, porque el terreno en donde está la ciudad, hace siete puntas de piedra, que salen al río, en las cuales la corriente del Paraná es más fuerte. Desde aquí pierde el nombre el Paraguay, porque el Paraná, como más caudaloso conserva el suyo hasta cerca de Buenos Aires, donde, junto con el Uruguay, corre hasta el mar con el nombre de Río de la Plata: llamado así, porque llevaron desde aquí algunas alhajas de plata y oro los primeros conquistadores del Paraguay, las cuales alhajas habían traído los indios del Paraguay en la primera entrada que hicieron a los pueblos del Perú con Alejo García y sus compañeros, según se halla escrito en la Argentina de Rui Díaz de Guzmán.

§. II. De las naciones de indios que habitan en las riberas del Paraguay

Primeramente en el mismo río, y en sus islas, habitan dos parcialidades de indios Payaguás, que andan por todo él con sus canoas, y se mantienen de la pesca, y de lo que roban a españoles y portugueses. Una parcialidad tiene su habitación en la parte más septentrional del río, y su cacique principal se llama Quatí. La otra suele estar con más frecuencia en la parte austral, en la cercanía de la Asunción. El cacique principal de esta se llama Ipará.

En la ribera del río, comenzando desde su junta con el Paraná, habitan a la parte occidental, los Abipones, de los cuales buen número está reducido a pueblos. Otros, con sus amigos los Tobas y Mocobís del río Bermejo, hacen correrías por las fronteras de Santa Fe, Córdoba, Santiago del Estero, Salta y Jujuí: y pasando algunas veces el Paraná, hacen sus tiros en la jurisdicción de las Corrientes, y muchas veces pasando el río Paraguay y emboscándose en los montes, hacen notable daño en los pueblos más septentrionales de las misiones de Guaranís, y en las estancias de la jurisdicción del Paraguay. Estos indios llegan por la parte occidental del Paraguay hasta el Pilcomayo.

Desde el Pilcomayo comienza la tierra de los Lenguas, los cuales corren toda aquella parte del Chaco, desde el dicho Pilcomayo hasta la tierra de los Mbayás: y pasan también el Paraguay, para hacer sus tiros en las estancias de la Asunción. Estos indios no dan cuartel, ni admiten misioneros.

Desde el río Xexuí, por una y otra banda, habitan los Mbayás, repartidos en varias parcialidades. Sus principales tolderías están de una y otra banda del Paraguay, en las tierras más inmediatas al sud del Pan de Azúcar. Corren estos indios toda la tierra, desde el Xexuí al Tacuarí, por la banda oriental y por la occidental, hasta cerca de los Chiquitos. Desde el Pan de Azúcar hacia el norte habitan en la banda occidental los Guanás. Estos son indios que trabajan sus tierras, para sembrar maíz; y hacen también sus sementeras a los Mbayás, pagándoles estos su trabajo. Mas arriba del Tacuarí hay, en el río de los Porrudos, otros indios semejantes en el modo de vivir a los Payaguás, pero de más valor, y excelentes flecheros. Juzgo que no es nación numerosa, pues no bajan con sus canoas al río Paraguay. Los portugueses, que navegan por Xarayes desde Cuyabá a Mattogroso, dijeron que en algunas arboledas que hay, en los anegadizos de Xarayes, se dejaban ver algunos indios, aunque pocos. No saben de que nación sean. Pueden ser algunas reliquias de los Xarayes. De aquí para arriba no sé que habiten indios algunos en las márgenes del río Paraguay.

§. III. Montes y arboledas

El Criador de todas las cosas nos dio en las tierras adyacentes del río Paraguay un agradable objeto a la vista, con la variedad admirable de montañas, cerros, llanuras y arboledas. Desde Corrientes hasta el río Xexuí, hay por una y otra banda bosques con mucha variedad de plantas. Pero del Xexuí arriba es mayor el encanto de los ojos; porque unas veces se descubre un ramo de la cordillera todo poblado de árboles, otras veces se presenta una campaña llena de yerba muy verde, otras se ven inmensos palmares, de una especie particular de palmas, porque los troncos son altísimos y derechos, la madera dura y la copa redonda, con las ramas semejantes a los palmitos de que hacen las escobas en Andalucía. Ni se puede hallar cosa más a propósito para formar con presteza los techos de las casas, pues en quitando la copa, y cortando el tronco por el pie, ya no hay más que hacer para aplicarlo a la obra. Estos palmares son frecuentes desde el Xexuí hasta los campos de Jeréz. Y como los troncos están muy limpios, andan los indios a caballo por medio de los palmares, sin embarazo alguno. Los racimos de dátiles de estas palmas son menores que los de las palmas ordinarias: y los dátiles son también menores a proporción. No sé si son comestibles.

Generalmente hablando, todos los cerros y cordilleras tienen en sus vertientes muchos montes con árboles altísimos y de tronco muy grueso. Y no se puede dudar que se hallarían, entre tanta variedad, maderas preciosas. Nosotros hallamos por casualidad el árbol de donde sacan la goma guta, o gutagamba, que es una goma de color amarillo muy fino. El árbol alto, no muy grueso, la hoja semejante a la del laurel. Descubrióse este árbol dando algunas cortaduras por entretenimiento en la corteza de uno de esta especie. Luego salió por el corte la goma líquida, la cual pronto se cuaja en goma como se ve en las boticas.

Desde el Mboteteí, navegando río arriba, se halla el árbol llamado Cachiguá, el cual tiene el tronco delgado, como de doce a trece pulgadas de diámetro. Su madera es colorada, de un color semejante al bermellón. Los portugueses de Cuyabá usan de esta madera para teñir de colorado: dicen que la madera no pierde el color; y así es exquisita para escritorios y otras obras de labores.

De los árboles de la cañafistula, o casiafistula, se hallan montes en las cercanías de los Xarayes, y crecen más altos y gruesos que los castaños de España. La corteza del árbol es blanquecina, semejante a las de los nogales. El fruto son unas cañas de palmo y medio, y algunas de dos palmos de largo. Tienen dentro granos grandes como las habas, y entre los granos cierta pulpa negra, que sirve para purga suave, y se vende en las boticas. El color de la caña, estando madura, es negro como el de la pulpa.

El árbol Taruma es cierta especie de olivo silvestre. Su tamaño el mismo que el de los olivos con poca diferencia, y aun la hoja no es muy diferente. La frutilla es como las aceitunas pequeñas, y tiene su hueso como aceituna. Los paraguayos comen esta fruta, aunque me pareció bien desabrida. Sería bueno que probasen si de ella se podía sacar aceite: y también si prendían en los tarumas los injertos de olivo.

§. IV. Establecimientos de Cuyabá y Mattogroso

La ciudad de Cuyabá, según algunos mapas de portugueses, está en 14 grados y 20 minutos de latitud austral, y según se infiere de la longitud en que se halló la boca del Xaurú, y la distancia en que está de Cuyabá, podemos poner a esta ciudad en 322 grados de longitud, contada del Fierro, con corta diferencia. Su situación es en la banda oriental del río llamado de Cuyabá, el cual hasta desembocar en el de los Porrudos, corre de norte a sur, y se navega hasta el puerto de Cuyabá, que dista de dos a tres leguas de la ciudad.

Por la parte del norte se extiende por muchas leguas la gran serranía, donde tienen su origen los dos caudalosos ríos Paraná y Paraguay. Y de la misma, por la parte del norte, bajan al Marañón los ríos Topayós, Xingu, el río de Dos Bocas, el Tocantins y otros.

Por la parte del sur de Cuyabá se extienden por muchas leguas los anegadizos de Xarayes: de suerte que por esta parte no se puede entrar a la ciudad sino por el río. Ni es posible que pueda pasar de otro modo gente de a pie, ni de a caballo.

En tiempo de aguaceros se inunda casi todo el espacio de sesenta leguas de norte a sur, y casi lo mismo de oriente a poniente, que hay entre el río de los Porrudos y las serranías de Cuyabá; y pueden en este tiempo atravesar embarcaciones desde Cuyabá al río Paraguay, sin bajar a los Porrudos: pero en tiempo de seca quedan reducidos los ríos Cuyabá y Paraguay a sus canales estrechas y profundas. Y aunque en el espacio intermedio quedan muchas lagunas, o no queda comunicación, o no se ha descubierto hasta ahora, por donde se pueda atravesar en derechura de un río al otro. Por lo cual, para navegar en tiempo de seca desde Cuyabá al Xaurú, y pasar a Mattogroso, se hallan los portugueses necesitados a dar una grande vuelta, bajando al río de los Porrudos, y por este al río Paraguay, por el cual vuelven a subir más de sesenta leguas hasta la boca del Xaurú.

Por la parte del oriente tiene Cuyabá muchas tierras habitadas solamente de indios infieles: y aunque hay camino para ir por esta parte al Brasil, es camino larguísimo, muy trabajoso y expuesto a los asaltos de los bárbaros y de los negros alzados. Por estas causas pocos son los portugueses que emprenden el viaje por tierra. La grande distancia del Brasil, y lo trabajoso del camino hacen que los caballos y mulas en Cuyabá se vendan a precio muy subido: pues se vende un caballo ordinario en cien pesos, y una mula en doscientos.

Por el occidente, desde Cuyabá a Mattogroso, se extienden algunas montañas, que son ramos de la gran cordillera o serranía de que hablamos antes. Los portugueses abrieron camino por estas montañas, para tener comunicación con los de Mattogroso: pero es camino trabajoso, y solamente para gente de a pie acostumbrada al temperamento poco saludable de aquel clima.

La ciudad de Cuyabá no tiene muralla, ni artillería, ni fortificación alguna; porque con los anegadizos de los Xarayes, y con la suma negligencia de los españoles, se juzgan bastante defendidos. Solamente para la guardia del capitán general, y para defensa de los indios infieles, mantienen una compañía de soldados pagados a quince pesos por mes. De estos se hacen varias reparticiones. Doce en dos presidios a la frontera de los infieles: otros doce en una canoa de guerra que sirve para escoltar las canoas que navegan a San Pablo: y los restantes, hasta veinte, quedan en Cuyabá, y son toda la defensa de la ciudad.

El número de habitantes de todas castas llegarán a cinco mil personas, de las cuales solo un corto número son libres: los demás, o son esclavos, o tenidos y tratados como tales; porque a excepción de poco más de doscientas personas que se hallarán de gente blanca, las demás, muchas son negros y mulatos, y muchos indios mestizos, que son tratados de los portugueses como si fueran esclavos: pues, aunque por ordenanza real solamente a los Payaguás y a los de otra nación pueden hacer esclavos, pero en aquellas partes se sirven los portugueses de cualesquiera indios que puedan coger, y los tienen en esclavitud. Los indios más inmediatos a Cuyabá por el norte son los Paresis y los Barbudos: estos nunca se rinden a los portugueses, porque o han de vencer, o han de quedar muertos en la refriega. Por el nordeste están los Indios Bororos: estos tienen la simpleza de que, aprisionada por los portugueses alguna india de su nación, luego se vienen los parientes inmediatos a entregar y servir al portugués que la tiene en su casa. Por el sur, pasados los anegadizos, están los Mbayás de arriba, que al paso de los Paulistas por el Tacuarí los suelen acometer.

§. V. Minas de Cuyabá

En todo el Brasil dan los portugueses nombre de minas a los lavaderos de oro. Y así ni en Cuyabá, ni en otra parte alguna del Brasil, que haya llegado a mi noticia, se trabajan minas propiamente tales. Pero hay en Cuyabá lavaderos de oro de 23 quilates, y en uno de los lavaderos de oro se hallan diamantes. Mas en estos años antecedentes, porque los diamantes no perdiesen su estimación, se prohibió por el rey de Portugal sacarlos de Cuyabá. Los lavaderos se hallan en varias partes a las caídas o vertientes de la gran Cordillera. Trabajan en estos lavaderos los negros esclavos, y da cada negro a su amo en cada semana tres pesos de oro en grano, que es la única moneda que allí corre. Y se hacen las cuentas en las compras y ventas por octavas de oro, y cada octava son dos pesos. En algunas partes se halla oro en abundancia, pero no se pueden aprovechar de él, por faltar allí el agua para los lavaderos.

La grande distancia de Cuyabá a la costa del Brasil es causa de que los géneros de Europa se vendan allí a precio muy subido. Una camisa muy ordinaria vale seis pesos, o tres octavas de oro: un par de zapatos, lo mismo: una frasquera de vino y aguardiente, que en el Janeiro se diera por diez pesos, vale en Cuyabá sesenta. Y a esta proporción se venden los otros géneros. Lo que allí sube a precio exorbitante, y se tiene por el mayor contrabando, si va sin el despacho de la aduana, es la sal, la cual se lleva de Lisboa, y no se permite de otra parte.

§. VI. Temperamento de Cuyabá y frutos que produce la tierra

En Cuyabá y sus cercanías es el temperamento muy ardiente y húmedo; y consiguientemente se goza en toda aquella tierra de poca salud. La enfermedad más frecuente es la que llaman los portugueses del bicho: y de la cual mueren muchos, porque no saben curarla. La enfermedad consiste en una extremada laxitud del orificio con disentería, y algo de calentura. Los portugueses, persuadidos de que se cría dentro de la carne algún bicho o gusano, que causa aquellos efectos, pretenden a fuerza de jugo de limón y otros agrios, matar el bicho, y acontece no pocas veces, que acaban con el enfermo. El cirujano don Pedro Gracian, que navegó conmigo en un barco por medio de los Xarajes, hombre bien inteligente en su facultad, oyendo al alférez de Cuyabá quejarse de que tenía entre su gente algunos enfermos del bicho; quiso informarse que cosa era el bicho, y en efecto fue a ver los enfermos, y halló que no había tal bicho ni gusano, y se ofreció a curarlos luego. Los portugueses porfiaban con mucha eficacia que no había otra cura para aquella enfermedad que el agrio de limón, con el cual tal vez mezclaban ají, ajos y sal: pero el cirujano les mostró el error en que estaban, pues tomando a su cuenta el enfermo que tenían de más peligro, a dos días se le dio sano, sin haber aplicado cosa alguna de las sobredichas para matar al bicho, teniendo por cierto que no había tal animal.

Las aguas de lluvias, que allí corren por montes de cañafistula, por parajes cubiertos de las cañas que caen de los árboles, y por grandes matorrales de otras plantas purgantes, con los excesivos calores y el desvelo que ocasiona la multitud de mosquitos, son a mi parecer la causa de aquella destemplanza y de aquella enfermedad. Los españoles, que subimos al Xaurú, experimentamos en aquel temperamento semejante disentería, con grande relajación en el estómago, que no tenía el calor necesario para la digestión. A este accidente se ocurrió con felicidad, tomando antes de comer un poco de mistela: remedio necesario en aquel país para no perder la salud.

Los aguaceros son frecuentes en aquellas alturas; pero los más fuertes, que hacen crecer extraordinariamente los ríos, comienzan por el mes de diciembre. Y crecen tanto los ríos, que no hallando bastante abertura para salir las muchas aguas que bajan a la llanura de los Xarayes, rebalsan inundando los campos, y formando por este tiempo un grande lago; aunque después, en cesando los aguaceros, se desagua por el cauce del río Paraguay, y quedan solamente las canales de los ríos, y algunas lagunas, descubriéndose todo lo demás de aquella llanura, lleno de pajonales impenetrables. Sin embargo de inundarse todo aquel espacio, hay en él algunas arboledas de árboles muy altos, cuyos troncos se inundan hasta tres y cuatro varas en alto. Y lo más admirable que observamos en los Xarayes, es que con estar todo el terreno anegado parte del año, hallaron las hormigas (de las cuales hay innumerable multitud) modo de conservar sus hormigueros. Estos los fabrican de barro muy fuerte en lo alto de grandes árboles, con tal arte que queda como un horno al rededor de una de las ramas superiores, y tan bien construido, que no le pueden ofender las lluvias ni los vientos. Y para que estos no puedan llevarse las hormigas, que suben o bajan en tiempo de seca, tienen hecho del mismo barro fuerte un canal o camino cubierto, que baja hasta el pie del árbol, por el cual canal suben y bajan las hormigas con toda seguridad.

Los frutos que produce la tierra de Cuyabá y su comarca, son maíz, arroz, mandioca (en otras partes de América llaman casabe), piñas, pacobas o plátanos, con otras muchas especies de frutas propias de los climas ardientes de América, azúcar, miel de cañas y de abejas, de las cuales hay varias especies en los montes. El arroz se halla silvestre en las márgenes del río de Cuyabá y de los Porrudos. No se coge trigo, ni vino, ni otros frutos de Europa. La falta de pan suplen los portugueses con farinha do pao, o casabe. Hay en Cuyabá algún ganado vacuno, aunque poco. En el Xaurú les compró don Manuel Flores algunas vacas para la gente de los barcos, y pagó veinte pesos por cada una. De lechones y caza hay más abundancia.

§. VII. Navegación que hacen los portugueses del Brasil a Cuyabá

Cada año van los portugueses comerciantes del Brasil a Cuyabá con una gran flota de canoas cargadas de géneros, y vuelven con el producto en oro y diamantes. La navegación es larga y trabajosa: salen con sesenta o setenta canoas de un puerto, que dista cuatro o cinco leguas de San Pablo, ciudad bien conocida en el Brasil. Bajan por el río Añembí, hasta caer al Paraná. Por este navegan aguas abajo hasta la boca del río Pardo, que viene del occidente, y tiene su origen de algunos riachuelos que bajan de la gran cordillera que se extiende del norte al sur, desde cerca de Cuyabá hasta el monte de Itapuá en las Misiones de Guaranís. Suben con sus canoas los portugueses, hasta que no pueden navegar más por el río Pardo: allí descargan los géneros, y para pasar dos leguas de cordillera, que hay desde el Pardo hasta el río Camapoan, transportan embarcaciones y carga en las carretas de un portugués que para esto se pobló en aquella cordillera, y tiene su interés en el transporte de dichas canoas. Antes que hubiese allí población, pasaban las canoas en hombros de negros esclavos que llevan para remar. Transportadas las canoas al Camapoan, las vuelven a cargar, y navegan río abajo hasta entrar en el Tacuarí. Por este navegan con algún cuidado, porque llegan hasta sus márgenes los indios Mbayás corriendo la campaña, los cuales son enemigos de los portugueses, y no pierden la ocasión de matar o llevar cautivo al que cogen apartado de la flota. Antes que lleguen a la desembocadura del Tacuarí en el Paraguay, ya se hallan con la canoa de guerra de Cuyabá, que al tiempo que acostumbran llegar los Paulistas con las suyas, los están esperando para defenderlos de los Payaguás, porque las canoas que llevan de San Pablo no bastan para su defensa, pues en cada una va solo un portugués blanco, o a lo más dos, y los negros remeros: pero estos no llevan armas. Los Payaguás los suelen esperar con multitud de canoas muy ligeras, en cada una de las cuales van seis o siete hombres, y para no ser descubiertos, se meten con las canoas debajo de las ramas de los árboles, que llegan hasta tocar en el agua: y cuando van pasando los portugueses, los asaltan de improviso, y les dan una descarga de flechazos, tirando siempre al portugués blanco, y se echan sobre las canoas que pueden tomar; y recogiendo los géneros y los negros, se bajan a la Asunción, donde los españoles por compasión rescatan a los cautivos. Por evitar los portugueses estos asaltos y daños que hacen los Payaguás en sus flotas, han armado la canoa que llaman de guerra, para que las escolte desde el Tacuarí a Cuyabá.

El armamento de la canoa de guerra consiste en un cañoncillo de bronce de una vara o algo más de largo, con el cual disparan con presteza muchos tiros. Y para esto llevan en sus cajones bien acondicionados los cartuchos, hechos de camellote en lugar de lienzo, porque de esta suerte evitan que quede algún fuego en el cañón, y dicen que no se calienta tanto, aunque se disparen muchos tiros seguidamente con dicho cañoncillo. La presteza con que disparan, procede en parte de tener todas las cosas a punto, y poderse con facilidad manejar el cañón por ser tan corto, y en parte por ser cuatro bien ejercitados los que concurren a cargarlo: uno con el cartucho, otro con el taco y atacador, otro con una espoleta que clava en el fogón lleno de pólvora para no detenerse en cebar, y el otro finalmente con el bota-fuego. El cañoncillo, aunque es bien reforzado, no tiene alguna diferencia de otros cañones en su fábrica. Solamente la cureña es algo diversa, porque carece de ruedas, y está con su espigo dispuesta de tal suerte sobre un banco de la canoa, que puede con facilidad volverse a todas partes: y así en disparando a un lado, lo pueden volver y disparar al otro.

La tripulación de la canoa de guerra se compone de doce soldados con su alférez, y ocho o nueve negros remeros de pala con sus uniformes. El alférez tiene en la canoa para defensa del Sol y de la lluvia su carroza muy buena con cortinas y asientos. Los soldados llevan también en medio de la canoa su toldo acomodado para su resguardo. Los remeros van a la proa y a la popa, y uno con la pala sirve de timonero.

Para dormir, así los de las canoas de guerra como los de las de carga, se previenen buscando antes de anochecer algún paraje en la margen del río, donde el monte sea muy cerrado, y tenga mucha maleza de abrojos y espinas, de lo cual hay en aquella tierra abundancia entre los árboles. Allí arriman las canoas, y con machetes abren un semicírculo, o media Luna, donde arman la tienda del alférez. Esta tienda es de bayeta aforrada en lienzo, por haber mostrado la experiencia, que esta especie de tiendas resiste mejor al agua. Tenía ocho pasos comunes de largo, y más de tres varas de alto: y por cumbrera servia una muy gruesa tacuara, o caña. Los soldados y los remeros cuelgan las hamacas de los árboles, y las cubren con una grande sábana, que por ambos lados llega hasta el suelo, la cual sirve para defender de la lluvia, y más principalmente les sirve para defenderse de los mosquitos, de los cuales hay en aquellos ríos increíble multitud. Para meterse en la hamaca sin que al mismo tiempo entren estos enemigos, es menester levantar la sábana del suelo, solamente lo preciso para meter arrastrando el cuerpo, sin dejar algún hueco por donde puedan entrar, porque si entran no dejan de inquietar toda la noche.

Para no ser sorprendidos de los infieles del río, que son los Payaguás, y otra nación que solamente se deja ver en el río de los Porrudos, dejan siempre un soldado de centinela defendido de alguna estacada o maleza, el cual tiene a mano muchos fusiles cargados, para poder hacer fuego si se ofreciere, mientras acuden los otros soldados. Por la parte de tierra no es fácil que puedan ser acometidos, por la impenetrable maleza del monte, y por la vigilancia de algunos perros que llevan siempre consigo los portugueses.

Luego que llega la flota al río Paraguay, para acortar el viaje entran por un brazo estrecho del mismo río: al cual brazo llaman Paraguay-miní, y hace con el Paraguay grande una isla de diez leguas de largo: y es a mi juicio, la que llamaron los antiguos Isla de los Orejones, pues la pone la Argentina más abajo de los Xarayes. Navegan, después que salen de dicho brazo, por el río Paraguay, hasta llegar a un brazo estrecho del río de los Porrudos, y a este brazo estrecho llaman el canal de Chané. En saliendo de éste, navegan por el río de los

Porrudos arriba, hasta entrar en el río de Cuyabá que viene de norte a sur. Finalmente navegan por el río Cuyabá arriba, hasta llegar al puerto de la ciudad del mismo nombre. Los trabajos que se pasan en tan prolija navegación por tantos ríos, y en clima tan ardiente, bien se echa de ver que serán muchos y grandes; pero el mayor suele ser la continua guerra de los mosquitos que no cesan de molestar a todas horas.

§. VIII. Situación de Mattogroso

La población principal de Mattogroso está fundada nueva-mente por los portugueses en la horqueta, que hacen antes de su junta los ríos Guaporé y Sereré, que tienen su fuente muy cerca del origen del río Paraguay, y corren hacia el poniente. El Sereré pierde su nombre luego que se junta con el Guaporé: y este en la cercanía de los Moxos corre con el nombre de gran río Itenes: navegable desde la Villa Bella de Mattogroso hasta que se junta con el Mamoré, que va de sur a norte, y ambos juntos forman el río de la Madera, navega-ble hasta el Marañon, aunque con el trabajo de algunos sal-tos, que los portugueses pasan fácilmente, sacando a tierra las embarcaciones, y llevándolas algún trecho sobre trozos redondos de madera.

De la parte del norte del Guaporé, a cuatro o cinco leguas de la Villa Bella está un cerro alto, y a su falda o caída están los reales de minas, o lavaderos de oro, y algunas habitacio-nes de portugueses, o pequeños pueblezuelos, llamados San Javier y Santa Ana. Los portugueses, que van por el Xaurú a Mattogroso, caminan por tierra, y pasando los ríos Gua-poré y Sereré, van a las minas, y volviendo a pasar el Sereré, caminando al sur, llegan a Villa Bella. Creo que desde el Xaurú hay algunos pantanos, o monte cerrado: porque si no fuera así, con tomar el camino línea recta, y pasar solo el Guaporé, acortaban mucho el viaje. Entre el Xaurú y río Paraguay tienen algunas estancias de ganados los portugueses de Mattogroso.

Toda la población de Villa Bella de Mattogroso, cuando yo estuve en el Xaurú, se reducía a veinte y cinco ranchos de paja, y una casa de piedra, que hicieron entonces para el capitán general de Cuyabá, don Antonio Rolin, que había pasado a vivir en la Villa Bella, para fomentar desde allí el establecimiento portugués en los Moxos: y en efecto pasó después el dicho caballero a gobernar los portugueses en la estacada de Santa Rosa.

Tiene Mattogroso por el norte varias naciones de indios infieles, por lo cual toda aquella tierra hasta el Marañon es incógnita a los europeos. Por el este se extienden las serranías de Cuyabá: por el sur están las misiones de Chiquitos. Algunos portugueses, caminando a pie, y manteniéndose de caza, llegaron al pueblo de San Rafael de Chiquitos en nueve días, habiendo salido de Mattogroso: de donde puede colegirse la distancia. Por el poniente están las misiones de Moxos. No sabemos a punto fijo la distancia, pero se puede inferir algo de lo que me dijo un italiano, que con una canoa bajó a los Moxos en siete días, y no llevaba más bogadores que otro compañero, que en dicha canoa huyó con él.

Libros a la carta

A la carta es un servicio especializado para
empresas,
librerías,
bibliotecas,
editoriales
y centros de enseñanza;
y permite confeccionar libros que, por su formato y concepción, sirven a los propósitos más específicos de estas instituciones.

Las empresas nos encargan ediciones personalizadas para marketing editorial o para regalos institucionales. Y los interesados solicitan, a título personal, ediciones antiguas, o no disponibles en el mercado; y las acompañan con notas y comentarios críticos.

Las ediciones tienen como apoyo un libro de estilo con todo tipo de referencias sobre los criterios de tratamiento tipográfico aplicados a nuestros libros que puede ser consultado en Linkgua-ediciones.com .

Linkgua edita por encargo diferentes versiones de una misma obra con distintos tratamientos ortotipográficos (actualizaciones de carácter divulgativo de un clásico, o versiones estrictamente fieles a la edición original de referencia).

Este servicio de ediciones a la carta le permitirá, si usted se dedica a la enseñanza, tener una forma de hacer pública su interpretación de un texto y, sobre una versión digitalizada «base», usted podrá introducir interpretaciones del texto fuente. Es un tópico que los profesores denuncien en clase los desmanes de una edición, o vayan comentando errores de interpretación de un texto y esta es una solución útil a esa necesidad del mundo académico.

Asimismo publicamos de manera sistemática, en un mismo catálogo, tesis doctorales y actas de congresos académicos, que son distribuidas a través de nuestra Web.

El servicio de «libros a la carta» funciona de dos formas.

1. Tenemos un fondo de libros digitalizados que usted puede personalizar en tiradas de al menos cinco ejemplares. Estas personalizaciones pueden ser de todo tipo: añadir notas de clase para uso de un grupo de estudiantes, introducir logos corporativos para uso con fines de marketing empresarial, etc. etc.

2. Buscamos libros descatalogados de otras editoriales y los reeditamos en tiradas cortas a petición de un cliente.

www.ingramcontent.com/pod-product-compliance
Lightning Source LLC
Chambersburg PA
CBHW020446030426
42337CB00014B/1417